FÜR VEGANER, VEGETARIER, MISCHKÖSTLER

WILDKRÄUTERLIEBE

GANZ EINFACH FÜR JEDEN TAG

Rezepte, Gedichte, Alltagsrituale

von Rebecca Schuster

Bibliografische Information der Deutschen Nationalbibliothek:
Die Deutsche Nationalbibliothek verzeichnet diese Publikation in der Deutschen Nationalbibliografie. Detaillierte bibliografische Daten sind im Internet über http://dnb.dnb.de abrufbar.

Impressum:

WILDKRÄUTERLIEBE – GANZ EINFACH FÜR JEDEN TAG
Rezepte, Gedichte, Alltagsrituale
FÜR VEGANER, VEGETARIER, MISCHKÖSTLER
von Rebecca Schuster

DERUL Verlag
Geschwister-Scholl-Straße 12
89343 Jettingen-Scheppach

Autorin: Rebecca Schuster
Lektorat: Quirin Pusch
Gestaltung: i.r.t.
Abbildungen: Rebecca Schuster

Druck:
CPI Druckdienstleistungen GmbH
Ferdinand-Jühlke-Straße 7
99095 Erfurt

Printed in Germany

ISBN: 978-3-9816742-9-3

Inhaltsverzeichnis

Vorwort, Biografie von Rebecca Schuster 4
Anwendertipps 5
Wildkräuterzutaten: Einkaufsliste 7
Kräuterwasser, Kräutereiswürfel 9
Mohnblütensirup aus Klatschmohn 11
Bobbelbrot mit Wildkräutern, Wildkräuterpesto 13
Gundermann/wilder Dost, Verwendung von Pestos 14
Gänseblümchentee für die Seele 15
Wildkräuterpfannkuchen 17
Wildkräuterbutter, Verwendung der Kräuterbutter 19
Apfelkuchen mit Veilchenzucker und Blumendekoration 21
Lila Veilchenzucker 21
Beccarellas & Lauras leckere Energie-Pralinen 23
Wildkräuter-Kartoffelgnocchi mit Salbeibutter 25
Brennnessel, du Kraftschenkerin! 26
Wildkräuterrituale für jeden Tag 27
Wildkräuterbrei, Rosenzucker, Lavendelzucker 28, 29
Wildkräutergemüsesalz 30
Wildkräuteressig/-öl 33
Wildkräuter-Wassereis 34
Wildkräuter-Eiscreme 35
Gelee aus Springkrautblüten 37
Wildkräuter an jedem Tag meines Lebens 39
Hagebuttensoße mit Bratkartoffeln 41
Hagebuttensuppe 43
Wildkräuter-Schnäpsle 44
Danksagung 45

Vorwort

Wildkräuter sind für mich pure Liebe, die Verbindung mit ihnen eröffnet für jeden einen ganz individuellen Weg direkt in unser Herz.
Damit Sie ein bisschen verstehen, wie das Buch entstanden ist, lade ich Sie ein in die Zeit, als die Wildkräuter den Weg zu mir fanden und auch ich zu ihnen.
Blumen, der Wald, einfach das Geschenk, sich in der Natur bewegen zu dürfen, und mich selbst immer mehr und tiefer als *Naturwesen* zu begreifen, sind eine große Gnade.
Dieses Buch ist ein schon lang gehegter Herzenswunsch, es ist für alle Herzensmenschen, die nun vertrauensvoll einige von den Wildkräutern mit viel Freude in ihren Alltag einladen, kennen lernen und auch in der täglichen Ernährung verwenden dürfen.
Die Rezepte und Anwendungen wurden von mir hergestellt und erprobt. Familie, Freunde und auch Kräuterverbundene haben sie probiert und mich gebeten, einige meiner Rezepte zusammenzutragen, damit man alles nach Herzenslust nachkochen, herstellen und zubereiten kann.

Biografie von Rebecca Schuster

Rebecca Schuster ist eine deutsche Autorin und Kräuterpädagogin, die sich vor allem für die heimischen Wildkräuter interessiert. Sie lebt in der Nähe von Günzburg, wo allerhand unterschiedliche Pflanzen und Bäume ihren großzügigen Garten schmücken.
Seit ihrer Kindheit hat sie einen intensiven Zugang zur Natur.
Die Ausbildung zur Kräuterpädagogin war die Krönung, die ihr den direkten Austausch auf Kräuterwanderungen, Kochkursen und Seminaren ermöglichte.
Am wichtigsten ist Rebecca Schuster, für alle, die im Herzen offen dafür sind, einen Anknüpfungspunkt zu schaffen, der jeden einzelnen dabei unterstützen soll, über die Natur zu sich selbst zu finden.

Anwendertipps

Damit Sie gleich loslegen können, habe ich ein paar wichtige Punkte aufgeschrieben, um Ihnen den Start mit den Wildkräutern zu erleichtern.
Um Wildkräuter zu finden, empfehle ich Ihnen Folgendes:

- Bewegen Sie sich täglich an der frischen Luft auf der Wiese, Feld oder im Wald, Garten.
- Schauen Sie genau hin, welche Pflanze Ihnen begegnet.
- Machen Sie kleine Sträuße und schauen Sie sich das Gebinde zu Hause genau an; das tut der Seele gut.
- Versuchen Sie, das Handy in diesen Momenten so gut wie nicht zu verwenden, außer Sie möchten mit einer Pflanzen-App arbeiten. Schöner finde ich die Bestimmung der Kräuter allerdings mit einem Buch oder auf einer Kräuterwanderung.
- Setzen Sie Ihre Sinne ein: Riechen, schmecken, fühlen, sehen, hören Sie!
- Fangen Sie mit gut bekannten Wildkräutern an.
- Verwenden Sie nur Kräuter, die Sie kennen.
- Nehmen Sie immer wieder an einer Kräuterwanderung teil.
- Freuen Sie sich an den Kräutern, die direkt vor Ihrer Haustür wachsen. Sie sind ein Geschenk der Natur an Sie.
- Haben Sie immer ein kleines Körbchen, einen Stoffbeutel und eine Schere oder ein kleines Taschenmesser dabei.

Folgende Kräuter kennen Sie aus der Kindheit und sind wirklich leicht zu entdecken: Gänseblümchen, Löwenzahn, Spitzwegerich, das wohlriechende Veilchen, Sauerampfer, Klatschmohn, Kornblume, Kamille, Minze.

Wenn Sie mit diesen Kräutern arbeiten, können Sie schon allerhand herstellen und jeden Tag etwas davon verwenden!

Waschen Sie die gesammelten Kräuter für Speisen vorsichtig ab und tupfen Sie diese mit einem Tuch trocken.

Bei Blüten ist das nicht zu empfehlen, da sonst der wertvolle Blütenstaub und auch manchmal das Aroma verfliegen.

- Sammeln Sie nicht an Wegrändern, wo auch Hunde ihr Geschäft erledigen.
- Sammeln Sie dort, wo nicht gespritzt wird.
- Sammeln Sie keine geschützten Pflanzen.
- Sammeln Sie nur so viel sie brauchen.
- Sammeln Sie liebevoll.
- Nehmen Sie Müll mit, falls Sie darauf stoßen.
- Sammeln Sie achtsam und dankbar.
- Sammeln Sie beim Sammeln Erfahrungen.

»Jeder Tag ist etwas ganz Besonderes auf seine Weise,
gib dir selbst Liebe, für deiner Seele Wohl.«

(Rebecca Schuster)

Wildkräuterzutaten: Einkaufsliste

Die Wildkräuter sind für mich die Verfeinerung und Verschönerung der Gerichte, sie sind Beilage und Hauptmahlzeit, je nachdem wie man sie verwendet. Die Nahrung wird durch Wildkräuter wertvoller und sieht auch besonders aus. Wenn Sie ein gutes Kräutersalz, ein Kräuteröl, einen Essig, Tee und gefrorene Wildkräuter haben, können Sie jeden Tag Ihres Lebens damit bunter und einfach himmlisch machen.

Was Sie immer zu Hause haben sollten:

- Salz (Steinsalz, Himalayasalz, Meersalz)
- Bio-Öl (Sonnenblumenöl, Olivenöl, Rapsöl)
- Wasser (Leitungswasser, Quellwasser Ihrer Wahl, heißes Wasser für Tee oder Auszüge)
- Zucker (Kokosblütenzucker, Birkenzucker, Vollrohrzucker, gewöhnlicher Haushaltszucker)
- Korn, Wodka, Rum für Liköre oder gesunde Schnäpschen
- Tonkabohnen
- Vanilleschoten
- Bio-Zitronen
- gefrorene Früchte (Himbeeren, Heidelbeeren, Erdbeeren, etc.)
- frisches Gemüse (oder eingefroren)
- Kartoffeln, Nudeln, Reis, Dinkelreis, Buchweizen
- Mehl (Dinkelvollkorn, Roggen, Weizen)

Gehen Sie mal eine Runde in Ihrem Herzen einkaufen, dort ist schon so viel da, lassen Sie es sprudeln, machen Sie sich bereit für die Liebe der Natur!

»Liebe die Natur, denn sie liebt auch dich!«

(Rebecca Schuster)

Kräuterwasser/Kräutereiswürfel

Kräuterwasser und Kräutereiswürfel

Zutaten:
Leitungswasser, frische Kräuter, verschiedene Blüten
Obststückchen (Zitrone, Apfel, Pfirsich, Himbeeren, Gurke)
Sie brauchen: Schöne Glaskaraffe, Eiswürfelförmchen
Alle Zutaten vermischen.
Die Eiswürfelförmchen mit Kräuterwasser füllen und einfrieren.

Foto: Mädesüß-Himbeere-Kräuterwasser mit etwas Agavendicksaft und Eiswürfel mit Malvenblüten, Borretschblüten, Vergissmeinnichtblüten, Minze, Gundermannblüten, Nelkenwurzblüten, weiße Taubnesselblüten

Empfehlenswerte Kräuter: Pfefferminze, Gänseblümchen, Löwenzahnblüten, Thymian, Salbei, Malve.

Sehr gut schmecken die Wildkräuter, auch mediterranen Kräuter sowohl als einzelne Komponenten oder als Mischung.
Finden Sie heraus, was Ihnen am besten schmeckt.
Kombinieren Sie nach Wunsch mit Früchten, Zitrone, Ingwer und ein klein wenig Agavendicksaft oder Honig.

Die Wildkräuter schmecken schon mit ein wenig Wasser sehr intensiv und lecker. Wasser ist Leben, unser Körper besteht schließlich bis zu über 70% aus Wasser. Trinken ist also wichtig und gesund. Giftstoffe finden schneller den Weg nach draußen, die Haut strahlt mehr. Auch in der Arbeit macht es viel mehr Freude, wenn etwas Hübsches im Trinkwasser herausspitzelt. Probieren Sie es aus!

Für Herbst und Winter frieren Sie die Lieblingskräuter als Eiswürfel ein. So holen Sie sich die Sonne auch an grauen Tagen ins Heim!

Mohnblütensirup

Mohnblütensirup

Zutaten:
20-25 Klatschmohnblüten
750 ml kochendes Wasser
1 Bio-Zitrone
750 g Zucker nach Wahl

Sammeln Sie 20 bis 25 Klatschmohnblüten.
Als Kind haben Sie bestimmt viel mehr davon gesehen als heutzutage, die Blüten sind richtige Schätze. Zum herkömmlichen Backen wird Blaumohn verwendet sowie als Deko-Effekt im Sirup.

Trennen Sie die Blütenblätter von der Kapsel und dem Stiel.
Die Kapseln können Sie trocknen lassen und als Stempel benutzen. Sieht wunderschön auf Papier aus.

Nehmen Sie eine Glaskaraffe (ca. 750 ml), geben Sie die Mohnblütenblätter hinein, dazu eine ganze Bio-Zitrone, und gießen Sie bis zum Rand mit kochendem Wasser auf 2 Stunden ziehen lassen. Ziemlich schnell bekommt der Auszug eine tolle rote Farbe.
Nun alles abseihen und die Flüssigkeit mit dem Zucker ca. 30 Minuten aufkochen.
Für 750 ml Flüssigkeit benötigen Sie auch 750 g Zucker.
Wenn Sie weniger Zucker nehmen, verbrauchen Sie den Sirup schneller. Kühlen Sie ihn, er hält nicht so lang!
Ich verfeinere den Sirup beim Aufkochen gerne mit einer Prise Vanille oder Tonkabohne.
Heiß abfüllen!

Auch für Nachtisch, z. B. Quarkspeise, eignet sich der Sirup wunderbar und ist ein echter Hingucker.

Bobbelbrot mit Wildkräutern
Wildkräuterpesto Gundermann/wilder Dost

Bobbelbrot mit Wildkräutern

Das einfachste Brot für jeden Anlass, lecker und leicht!

Zutaten:

300 g Dinkelvollkornmehl
150 g Weizenmehl
1 Päckchen Trockenhefe oder einem halben Würfel frischer Hefe
1 Teelöffel Salz, eine kleine Prise Zucker
100-150 ml Wasser

Nachdem der Hefeteig hergestellt ist, können Sie ihn entweder noch gehen lassen oder gleich loslegen. Formen Sie kleine Kugeln, wenden Sie diese in Olivenöl und legen Sie sie in einer Backform oder auf einem Backblech eng aneinander aus.

Ich »kleckse« selbstgemachte Tomatensoße darauf, außerdem noch selbstgemachtes Pesto (Gundermann, wilder Quendel).
Alles kommt dann in den Ofen: 20 Minuten bei 120° Umluft.
Wenn das Brot abgekühlt ist, verzieren Sie es noch mit frischen Kräutern. Bei mir ist es wilder Spinat (Melde), genauso gehen aber auch andere Kräuter oder Blüten.
Sie können auch im Teig schon Kräuter mitbacken. Da Pesto aber sehr würzig ist, reicht es aus.

Wildkräuterpesto Gundermann/wilder Dost

Zutaten:

Öl (Oliven- oder Sonnenblumenöl)
Steinsalz oder Himalaya-Salz
Wildkräuter

Für 2 bis 3 Gläser Pesto mit 150 ml Fassungsvermögen benötigen Sie:

200 g Gundermann
200 g wilder Dost (Oregano) oder herkömmlichen Oregano
250 g Sonnenblumenöl
1 ½ Teelöffel Salz
Alle Zutaten häckseln Sie klein. Mit einer Ölschicht abdichten, bevor der Deckel zugedreht wird.

Verwendung von Pestos

Zuerst verrate ich Ihnen ein paar Pestos, die ich liebe und genauso hergestellt werden, wie oben im Rezept beschrieben.

- Bärlauchpesto pur
- Bärlauchpesto mit Paranüssen, Cashewkernen oder Walnüssen
- Spitzwegerich-/Knoblauchpesto
- Löwenzahnpesto aus Blüten, Stielen und Blättern
- Schnittlauch-/Petersilienpesto
- Gundermann-/Wilder-Dost-Pesto
- Getrocknete-Tomaten-Basilikum-Knoblauchpesto
- Basilikumpesto mit Knoblauch und Haselnüssen
- Brennnesselpesto pur (Blätter und Samen)
- Kapuzinerkressepesto (nur aus den grünen Blättern)
- Kapuzinerkressepesto (nur aus den Blüten)
- Taubnesselpesto mit Mandeln (weiße Taubnessel, rote Taubnessel, purpurrote Taubnessel, Goldnessel)
- Knoblauchraukenpesto

Die wichtigste Grundlage für Wildkräuterpestos sind:

- saubere Gläser
- gutes, neutrales Öl (Vorsicht: Olivenöl hat wertvolle Bitterstoffe, die das Pesto aber manchmal zu herb schmecken lassen; Bio-Sonnenblumenöl eignet sich gut)
- Salz
- Das Pesto mit einer Schicht Öl abdichten, so hält es im Kühlschrank mehrere Monate.
- Einfrieren ist auch möglich.

Gänseblümchentee für die Seele

Zutaten:

1 Esslöffel frische oder getrocknete Gänseblümchen
Heißes, abgekochtes Wasser
1 kleiner Spritzer Milch oder Sahne

Gänseblümchengedicht von Rebecca Schuster (November 2021)

Gänseblümchen fein und klein,
willst uns immer eine Augenfreude sein!
Mit deinen zarten, weißen Blättchen,
machen wir uns so manches Kettchen.
Du machst uns bis in den Winter froh,
aus dir ein Tee, der geht so:
»Nimm heißes Wasser in den Pott,
schmeiß hinein ein paar frische
oder trockne Blütenköpfe flott!

Nun genieße Schluck, für Schluck!
Lass ab
den ganzen Seelendruck!«

Dieser Tee schmeckt lecker, ist gesund, macht glücklich und man kann sich damit das ganze Jahr selbst eine Freude machen.

Aus Gänseblümchen kann man auch leckere Marmelade kochen und sie sehen auch im Salat und Nachtisch prima aus. Sie sind das Arnika der Kinder.

Wenn Sie genau hinschauen, sehen Sie die kleine Rosette mit den leicht behaarten Blättern, aus der das Blümchen herauswächst. Diese Blätter schmecken sehr würzig auf Butterbrot.

Von links nach rechts:

Butterbrot mit Gänseblümchen
Kleiner Puffreis Himbeere mit Butter und Gänseblümchen
Gänseblümchen-Eiswürfel für das ganze Jahr

Wildkräuterpfannkuchen

Wildkräuterpfannkuchen

Wildkräuterpfannkuchen lieblich und pikant!

Für den Teig:

400 g Dinkelmehl
1 Liter Hafermilch
½ Päckchen Ei-Ersatzpulver
etwas Zucker und Salz
Öl für die Pfanne
alternativ: ganz normalen Pfannkuchenteig

Zubereitung: Mehl in eine Schüssel geben.

Ei-Ersatzpulver, Milch, etwas Zucker und Salz hinzufügen.

Alles mit einem Handrührgerät oder einem Schneebesen verrühren, bis ein glatter Teig entsteht. Öl in einer beschichteten Pfanne erhitzten und nach und nach 4-6 dünne Pfannkuchen backen.

Für den Belag (süß):

wilde Kräuterblüten, Gänseblümchen, Salbeiblüten, Holunderblüten, Löwenzahnblüten, Vergissmeinnichtblüten, Veilchen
selbst gemachter Rosenblütenzucker

Für den Belag (deftig):

Brennnesselsamen, Salbei, Knoblauch, Zwiebeln, Zucchini, Tomaten, Thymian, Spitzwegerich

Die Pfannkuchen können Sie auch als Suppeneinlage verwenden.

Lassen Sie es sich schmecken!

Wildkräuter und die Wildkräterbutter

Wildkräuterbutter

Diese Kräuterbutter ist ein absoluter Allrounder!

Zutaten:

1 Stück Pflanzenbutter/Margarine oder herkömmliche Butter
etwas Salz
Knoblauch (der kleine, runde schmeckt mir persönlich am besten)
Wer Knoblauch nicht verträgt, kann auch Knoblauchrauke oder Schnittlauch verwenden.
Alle Zutaten gut vermischen.
Dekoblüten: Malve, Jungfer im Grünen, Borretsch

Empfehlenswert:
2 Hände voll wilder und mediterraner Kräuter wie ...
Schafgarbe, Bärlauch (auch gefroren)
Spitzwegerich, Sauerampfer, Gartenkresse
Lavendel, Thymian, Oregano, Gänseblümchen, Malve
Ringelblume, Rosmarin, Salbei, Minze
Liebstöckel
Borretsch, Petersilie, Schnittlauch (je mehr, desto leckerer)

Verwendung der Kräuterbutter:

Natürlich schmeckt sie beim Grillen auf Gemüse, Fisch, Fleisch und Brot, aber auch als »Mogel-Pesto-Ersatz« ist sie geeignet.

- Bratkartoffeln mit Kräuterbutter
- Gemüsepfanne mit Kräuterbutter
- Kräuterbutternudeln, Kräuterbutterreis
- Kräuterbutterbrot mit Tomaten, Gurken
- Kräuterbutterbaguette, Kräuterbutterbrezen

Ich friere einige kleine Portionen ein, damit ich den ganzen Spätsommer, Herbst und Winter davon etwas habe.

Apfelkuchen mit Veilchenzucker und Blumendekoration

Apfelkuchen mit Veilchenzucker und Blumendekoration

Hefeteig nach Wahl herstellen
oder Folgendes für den Hefeteig nehmen!

Zutaten:

500 g Dinkelmehl
½ Würfel Hefe oder 1 Packung Trockenhefe
200 ml lauwarme Hafermilch oder normale Milch
75 g Pflanzenmargarine oder Butter
2 Teelöffel Kokosblütenzucker, 1 Prise Salz

Teig gehen lassen, auf Backblech ausrollen. Das Backblech fette ich mit Kokosfett ein und bestäube es mit Mehl. Äpfel schneiden, auf dem Teig verteilen und mit einem Pinsel einölen (z. B. mit Sonnenblumenöl), 15-20 Min. bei 180° Ober-/Unterhitze backen. Wenn der Kuchen ausgekühlt ist, leicht mit Veilchenzucker bestreuen und mit Blüten verzieren (Gänseblümchen/Löwenzahn). Im Herbst und Winter getrocknete Blüten verwenden. Ein wenig geriebene Tonkabohne im Teig ist lecker.

Lila Veilchenzucker

Sie brauchen:

- 3 Hände voll Veilchen aus dem Garten (sammeln und wiegen)
- gleiche Gewichtsmenge an Zucker

Die Blütenblättchen von den Kelchblättchen abzupfen (also nur die lilafarbenen Teile; nichts Grünes darf darunter rein, nur dann wird die Farbe so wunderschön lila/blau). Gleiche Menge Haushaltszucker wie Blütenblätter verwenden und mörsern oder kleinhäckseln. Kurz trocknen lassen, die Farbe hält ein paar Wochen. Bei mir gibt es dann ein paar Mal Kuchen mit dem tollen Zucker.

Beccarellas & Lauras leckere Energie-Pralinen

Beccarellas & Lauras leckere Energie-Pralinen

Zutaten:
2 bis 3 Päckchen Studentenfutter
Honig vom Imker (halbes Glas; alternativ: Ahornsirup)
Tonkabohne/Vanilleschote (je nach Geschmack)
Trockenfrüchte wie Aprikosen, Datteln oder auch Feigen
(auf 3 Packungen Studentenfutter 100 g Datteln, 50 g Aprikosen, 50 g Feigen)

Alles im Mixer zerkleinern, bis Ihnen die Konsistenz gefällt (ich mag es gerne auch mit ein paar gröberen Stückchen, es knuspert dann schön).

Die Masse lässt sich nun zu Kugeln formen, die Sie in verschiedenen Kräuterpulvern, Samen oder Blüten wälzen können.

August ist der perfekte Monat, um Kräuter zu sammeln und zu bündeln, zur späteren Weiterverarbeitung wie Salz.

Auch Rosenwasser oder Neroliwasser können als Variation noch in die Masse gegeben werden.

Wildkräuter-Kartoffelgnocchi mit Salbeibutter

Wildkräuter-Kartoffelgnocchi mit Salbeibutter

Zutaten:
einen Tag alte Kartoffeln (4 bis 5 mittelgroße)
250 g Mehl
Ei-Ersatzpulver aus Erbsenmehl oder 2 Eier
1 Prise Muskat
1 Teelöffel Salz oder Kräutersalz
1 Hand voll Brennnesselblätter oder Gierschblätter oder Löwenzahnblätter kleinhäckseln und zum Kartoffelteig geben

Kartoffeln zerkleinern, Zutaten beigeben, bis ein guter Teig entsteht, der nicht mehr klebt.

Hände befeuchten, kleine Gnocchi formen und für 4 bis 8 Minuten in Salzwasser kochen.

Derweil Öl oder Butter in eine Pfanne geben und reichlich Salbeiblätter (2 Hände voll) anrösten.

Gnocchi abseihen und in den gerösteten Salbeiblättern wenden und servieren.

Wer mag, kann Käse darüber streuen oder einen Salat dazu machen.
Sehr lecker!

Vorsicht!
Stillende Mütter sollen keinen Salbei verzehren.
Das stoppt die Milchbildung!

Brennnessel, du Kraftschenkerin!

Im Juni 2023 durfte ich eine Brennnessel ernten, die genauso hochgewachsen war wie ich selbst. Wie man sehen kann, sind die obersten Blätter der Pflanze so groß wie meine Handfläche.
Ich war hin und weg, denn die Brennnessel ist eine Alleskönner-Pflanze, absolut wertvoll und sehr nahrhaft.
Es gibt viele Bücher, die nur von der Brennnessel handeln.
Ich verrate Ihnen, was ich alles damit mache ...

- Brennnesselpulver aus Blättern und Stielen
- Brennnesselnudeln, Brennnesselspinat
- Brennnesselsuppe, Brennnesselpralinen
- Brennnesseltee, Brennnesselsamen für Müsli, Salat, Pralinen, Beigabe in den Wein oder für die Stärkung löffeln
- Brennnesselschnaps
- Brennnesselsirup (aus jungen Brennnesseln; wunderschön rot und absolut gesund)
- Brennnesseljauche zum Düngen

Bomben Wildkraut
Reich an Vitalstoffen (Eiweiß, Kalzium, Magnesium, Eisen, Vitamin A, C, E und Omega 6 Fettsäuren)
Energie pur
Nein-sag-Helferin
Nagel-, Haut- und Haarwunder
Nierenspülung
Einsatz in vielen Bereichen
Sagenumwobene Pflanze
Segensreich für Mensch und Tier
Erlebnis, ihr zu begegnen
Liebe der Natur für uns

Wildkräuterrituale für jeden Tag

- Wasser (immer) mit Kräutern genießen.

- Jeden Tag eine Speise mit Wildkräutern verfeinern.

- Wildkräuter einfach nur bewundern, jeden Tag hinausgehen.

- Gewürze, Essig oder Tee herstellen.

- Ein Bad mit Kräutern nehmen. (Im Teebeutel macht es auch keine »Sauerei«)

- Eine Tasse Kräutertee trinken.

- Blüten sammeln und pressen für eine kreative Kräuteraktion.

- Wildkräutersalbe herstellen.

- Ein Duftpotpourri herstellen und sich am Duft erfreuen.

- Einen Strauß für Ihr Zuhause pflücken.

- Sich auf eine Wiese legen und Wolken beobachten.

- Eigenes Kräuterbeet erweitern. Dem Garten eine wilde Ecke schenken und beobachten, was sich dort tut.

- Ein Wiesenblumenduftkissen für die kalten Tage zum Schnuppern herrichten: kleiner Kissenüberzug, getrocknete Kräuter/Blüten.

- Kräuterdampfbad für das Gesicht und die Atemwege (Kamille, Melisse, Lavendel).

Wildkräuter für Brei

Zutaten für einen Grießbrei:
200 ml Milch
25 g Grieß
1 Prise Salz
Zucker und/oder Zimt nach Belieben

Die Milch zum Kochen bringen und von der Platte nehmen. Grieß einrühren und nochmals aufkochen lassen. Anschließend Zucker und Salz dazu geben. Besonders fein wird der Grießbrei, wenn man das Mark einer Vanilleschote oder eine halbe abgeriebene Bio-Zitronenschale mitkocht.

Zutaten für einen Haferbrei:
200 ml Milch oder Wasser
4 Esslöffel zarte Haferflocken
1 Prise Salz
Zucker/Honig/Früchte nach Wahl

Haferbrei herstellen. Anschließend mit Beeren der Saison verzieren und selbstgemachten Rosen-/Vanillezucker darauf streuen.

Foto: Hier wurde Dinkelgries mit Hafermilch verwendet.

Außerdem habe ich noch ein paar getrocknete Blütenblätter der Hunds- und Kartoffelrose darüber gestreut.

Genauso können Sie Milchreis, Haferbrei oder einen anderen Getreidebrei herstellen.

Rosenzucker

- Rosenblütenblätter trocknen
- Zucker Ihrer Wahl (Haushaltszucker, Birkenzucker)
- 2 Teile Rosenblätter ↔ 1 Teil Zucker
- 1 Bourbon-Vanilleschote auskratzen

Alle Zutaten fein mahlen.

Lavendelzucker

- Lavendel trocknen
- 1 Teil Lavendel ↔ 1 Teil Zucker
- 1 Viertel Tonkabohne

Alle Zutaten fein malen.

Lavendel schmeckt sehr intensiv, aber absolut lecker!

Wildkräutergemüsesalz

Zutaten:

500 g frische Kräuter
250 g Salz

Die Kräuter waschen, abtupfen und zu grünem Brei zerkleinern. Einen Tag auf einem Blech trocknen lassen und abfüllen.

Ich bewahre mein Wildkräutergemüsesalz immer in einem großen Glas oder einer Dose mit Trichter auf.

Denn ich fülle gerne kleine Gläschen ab, für Kräuterwanderungen oder als Geschenk für die Familie, Freunde und Bekannte.

Man kann ein Kräutersalz mit frischen Kräutern machen, es kurz auf einem Blech antrocknen lassen und dann abfüllen. Oder man sammelt das ganze Jahr über verschiedene Kräuter, trocknet Gemüse wie Karotte, Sellerie, Kohlrabi und verhäckselt dann alles mit dem Salz.
(Verhältnis: 1 Teil Salz ↔ 2 Teile Kräuter/Gemüse)

Dieses Salz bietet auch eine Grundlage für viele Rezepte.

Man kann damit alle Speisen abschmecken und nimmt dabei zahlreiche Vitamine, Mineralstoffe und auch »Glück« in sich auf.

Selbstgemachtes ist immer etwas ganz Besonderes, Ihr Kräutersalz enthält quasi eine Geschichte. Denn Sie haben die Kräuter ja nicht alle an derselben Stelle gesammelt.

Der Geschmackssinn verfeinert sich mit der Zeit, so dass Sie nicht mehr allzu stark würzen werden, denn die Kräuter schmecken intensiv und man benötigt immer nur eine Prise.

Viel Freude damit!

Wildkräuteressig/-öl

Wildkräuteressig/-öl

Auch Essig und Öl mit Wildkräutern
ist ein Nahrungsmittel für den täglichen Gebrauch!

Sie können Wildkräuteressig sehr leicht herstellen:

Kräuter frisch sammeln, in eine saubere Glasflasche geben,
dann mit Essig oder Öl auffüllen, 2 bis 3 Wochen ziehen lassen.
Das Öl zügig verbrauchen.
Der Essig hält dagegen sehr lange.

Folgende Essigsorten eignen sich als Grundlage:
Apfelessig
Weißer Tafelessig
Weißer Balsamicoessig
Balsamicoessig rosé

Wildkräuteröl

Zutaten: Öl, Kräuter

Zubereitung: Die Kräuter in das Glas legen. Mit Öl übergießen, sodass alle Pflanzenteile bedeckt sind, verschließen und 2-3 Wochen an einem hellen Ort stehen lassen. Täglich schütteln. Abseihen und in die Flaschen füllen, dunkel lagern.

Wildkräuter-Wassereis

Wildkräuter-Wassereis ist so einfach herzustellen, lecker und kalorienarm!

Zutaten:

Ihre Lieblingswildkräuter (50 g)
1 Zitrone, 500 ml Wasser, 100 g pürierte Früchte
1 Eßlöffel Agavendicksaft zum Süßen
Alle Zutaten gut vermischen.
Eisförmchen mit der Masse füllen und kalt stellen.

Folgende Mischungen schmecken besonders gut:
Zitrone, Minze, Lavendel, Orange
reiner Giersch
Brennnessel, Zitrone, Salbei, Zitrone

Wildkräuter-Eiscreme

Eiscreme ist ebenfalls leicht herzustellen, lecker für den besonderen Genuss, denn das gibt es nicht einfach zu kaufen.

Zutaten:
Wildkräuter (50 g), Saft einer Zitrone/Orange
pürierte Früchte (100 g)
300 ml – 500 ml Hafermilch oder Hafersahne
1 Eßlöffel Agavendicksaft oder 1 Eßlöffel Vanillezucker
Alle Zutaten gut vermischen.

Sie brauchen noch: Eisförmchen

Bei der Eiscreme braucht es einen Zwischenschritt:
Die Eiscrememasse herstellen, in die Eiswürfelform geben, kurz einfrieren, nach Bedarf frisch häckseln, damit Eis-Mus entsteht.

Foto: Hier sehen Sie Kornelkirscheneis mit Minze und Weideröschen dekoriert.

Folgende Mischungen schmecken besonders lecker:
- Kirsche (Kornelkirsche) mit Vanillezucker, Kokosblütenzucker
- Lavendel mit Vanillezucker, Banane, Zitronenmelisse
- Mädesüß, Himbeere, Vanillezucker
- Minze/Gundermann mit Zartbitterflöckchen (After Eight)
- Apfel, wilder Quendel, Zitrone mit Agavendicksaft
- Brennnessel, Zitrone, Vanille/Tonka

Das ist echte SEELENNAHRUNG!

Springkraut

Gelee aus Springkrautblüten

Ein bisschen Glitzer und Rosa tun uns manchmal einfach gut. Das Springkraut ist nicht ursprünglich heimisch, aber es ist ein wertvolles Geschenk, das in unseren Wäldern zu finden ist.

Zutaten:

3-4 Hände voll Blüten des drüsigen Springkrautes
1 Glaskaraffe (500 ml oder 750 ml)
1 Bio-Zitrone

Abgekochtes Wasser darüber gießen (funktioniert auch mit Apfelsaft). Einen Tag lang ziehen lassen. Am nächsten Tag mit Geliermittel der Wahl zu Gelee verkochen.

Hmm! Was ist denn das alles in meinem Korb? Wenn ich Kräuter, Beeren, Blätter, Blüten, Federn oder Pilze sammle, nehme ich auch immer Müll mit. Ich möchte, dass die Natur schön und sauber bleibt.
Sie sehen das drüsige Springkraut in der Mitte. Für das zauberhafte Gelee verwende ich nur die Blüten.
Diese werden wieder in einer Karaffe mit Wasser und einer Bio-Zitrone eingelegt. Heißes Wasser darüber gießen und über Nacht stehen lassen.
Am nächsten Tag werden die Blüten abgeseiht und die Flüssigkeit mit Geliermittel aufgekocht (Agar-agar: ½ Tl entspricht 6 Blatt Gelatine für 500 ml Flüssigkeit). Ich gebe immer Backglitzerpulver dazu. Geht aber auch ohne.

Es schmeckt sehr fruchtig, hat eine wundervolle Farbe und ist auch super zum Verschenken und selber Genießen.
Passt gut zu den Kräuterpfannkuchen, ins Dessert oder einfach nur aufs Frühstücksbrötchen. Die Samen sind weiß und schwarz, enthalten viele ungesättigte Fettsäuren und schmecken wie kleine Walnüsse. Sehr, sehr gut! Naschen Sie ab jetzt ein paar bei Ihren Spaziergängen!

Springkrautgelee

Zauberhaftes, drüsiges Springkraut!
Springkraut, du bist wirklich groß,
auf die Plätze fertig los!
Fass ich deine Samenkapseln an,
und siehe da, was diese Pflanze kann.
Mit einem »peng« liegen in meiner Hand
schwarze und weiße Perlen mir wohl bekannt.
Sie schmecken herrlich nussig,
danke dir, du liebe Pflanze,
mit deinen pinken, rosa-, magentafarbigen Blüten.
Ich werde dich respektvoll hüten!
Deine Blütenblätter nehm` ich zart mit nach Hause,
koche leckeren Blütensirup oder Gelee,
und mache beim Genießen Pause.

(Gedicht von Rebecca Schuster)

Wildkräuter an jedem Tag meines Lebens

Wildkräuter an jedem Tag meines Lebens, weil ich mich selbst liebe und dankbar bin auf dieser Erde zu SEIN!
Für mich ist es sehr wichtig, meinen Körper liebevoll zu pflegen. Nichts ist selbstverständlich, darum gönne ich mir regelmäßig Bäder, Fußbäder, Masken, Geruchsduschen, Salbungen und vieles mehr.

Unser Körper ist eine wirkliche Wundermaschine, seien Sie dankbar für seine tägliche Leistung, gönnen Sie sich Ruhe, frische Luft, viele Kräuter und persönliche Rituale, die Sie beleben und Ihnen Kraft schenken.

- Durch Kräuterspeisen stärken Sie Ihren Körper von innen heraus.
- Durch die Auseinandersetzung mit Wildkräutern kommt Ihre Seele zur Ruhe und Sie verbinden sich mit der Natur und können abschalten.Wildkräuter und Kräuter haben wertvolle Pflanzenstoffe wie z. B. ätherische Öle, Bitterstoffe, Mineralien, Vitamine, die sich positiv auf unser Befinden und den Organismus auswirken können.
- In Ihrem Zuhause wächst kein Pflänzchen einfach so. Pflanzen sind intelligente Wesen, sie möchten uns erfreuen und auch Nahrung für wilde Insekten sein und sie haben Botschaften für uns Menschen.

Die Farben der Wildkräuter berühren uns schon durch das Ansehen, es macht uns glücklich und wir empfinden beim Betrachten ein *wohliges Gefühl*.
Jeden Tag, jede Woche, jeden Monat und jedes Jahr können wir andere Besonderheiten und Vorkommen in der Natur und bei den Wildkräutern entdecken.

Es gibt keine Unkräuter, es sind Beikräuter oder Urkräuter!

- Wildkräuter geben Ihrem Leben die gewisse *Würze*.
- Wildkräuter können süß, bitter, scharf, sauer, salzig, herb, zart, intensiv, würzig und noch so viel mehr sein.
- Lassen Sie sich inspirieren, öffnen Sie Ihr Herz und gehen Sie mit Freude und Respekt an die ganze Sache heran.

Die Hagebutte/Hundsrose

Eigentlich wollte ich nur über Wildkräuter schreiben, aber die Wildbeeren/-früchte mischen immer mit. Es gehört einfach alles zusammen! Darum möchte ich Ihnen heute meine Lieblingswild-frucht vorstellen.

Blütenblätter der Hagebutte

Früher war das Kräuterwissen ganz selbstverständlich. Es wurde alles aus der Natur verwendet, die Menschen hatten mehr Urvertrauen und wussten um die Heilwirkungen und Verwendungen der Naturschätze. Oma erzählte mir immer von Bratkartoffeln mit Hagebuttensoße oder Hagebuttensuppe. Ich kann Ihnen nur eines sagen: Es schmeckt fabelhaft!

Den Hagebuttenstrauch habe ich im Garten entdeckt als spärlichen Stängel, ich konnte nicht von ihm ablassen, er interessierte mich. So beschloss ich, den Stängel zu verpflanzen und abzuwarten, was genau daraus wird. Nun ist er zehn Jahre alt und eine richtige Augenweide. Ich stutze ihn immer mit viel Liebe, einmal im Herbst und einmal im Frühjahr. Er hat reichlich Hagebutten und ich zaubere viele leckere Dinge daraus.

Foto: Hier sehen Sie die Blütenblätter in weiß von der Hundsrose, in hellrosa von der Brombeere und in pink von der Kartoffelrose. Daraus kann man auch den Rosenzucker machen.

Hagebuttensoße mit Bratkartoffeln

Zutaten:

500 g Kartoffeln schälen, schneiden, in der Pfanne anbraten
300 g Hagebutten (ausgehöhlt; Kerne aufheben, es lässt sich wunderbarer Kernlestee herstellen, der nach Vanille schmeckt.)
Für »Einbrenne«: 100 g Mehl, 25 g Butter, 200 ml Wasser
Salz, Pfeffer, Zucker

Stellen Sie eine »Einbrenne« her mit Butter und Mehl. Gießen Sie diese mit Wasser auf und lassen Sie sie auf leichter Flamme köcheln. Die Hagebutten köcheln Sie darin, bis sie weich sind. Abschmecken mit Salz, Pfeffer, einer Prise Zucker.

Wer es pikant möchte, gerne ein wenig Chili dazu. Alles pürieren und dann zu den Bratkartoffeln essen.

Hagebuttensuppe

»Einbrenne« herstellen, mit 500 ml Wasser aufgießen, 300-400 g Hagebutten dazugeben. Aufkochen, pürieren und dann mit Suppenwürze/Gemüse-Kräutersalz abschmecken und genießen.
Dazu passen sehr gut gebratene Brotwürfel oder Schnittlauch.

Was ich noch an Hagebutten liebe und herstelle: *Hagebuttenessig, Hagebuttengelee, Kernlestee, Hagebuttenpulver gemischt, Kernlespulver, Hagebuttenpulver (aus dem Fruchtfleisch), Müsli-/Brei-Topping*

Hagebutte

Pieksen kannst du wahrlich gut,
zum Schutz vom kleinen roten Gut.
Bist so kraftvoll anzusehen,
viele Leute können dich noch nicht verstehen.
Nicht nur Juckpulver haben wir aus dir gemacht,
und dabei sehr viel gelacht.
Du bist ein wahres Gesundheitselixier,
es ist Liebe, wenn ich etwas von dir probier`!
Vitamine hast du reichlich, deine Vielfalt ist grandios,
von der Blüte bis zur
Hagebutte ist beim Wachstum echt was los.
Dein Geschmack ist weich und süßlich,
mit einem kleinen sauren Biss.
Deine Kernchen wohnen in dir reichlich
und ich merke, dass ich dich vermiss,
wenn ich nicht sammele deine Gaben
von denen man sich kann,
das ganze Jahr erlaben!

(Gedicht von Rebecca Schuster)

Wildkräuter-Schnäpsle

Zutaten:

1 Liter Korn oder Wodka
(Ich nehme gern Korn, da er neutral im Geschmack ist)
500 g Wildkräuter oder 400 g Beeren
1 Vanilleschote
¼ Tonkabohne (gerieben oder ein Stück davon)
100 g Orangenschale
1 Zimtstange
10 g Ingwer
100 g Kandis oder ein anderes Süßungsmittel nach Wahl

Man füllt ca. die Hälfte des Wildkrauts in eine Flasche, dann alles mit 1 Liter Korn übergießen. 100 g bis 200 g Kandiszucker dazu geben, eventuell noch eine Zutat wie oben aufgeführt (Vanilleschote) und 3 bis 4 Wochen auf der Fensterbank stehen lassen.
Foto: Das hier ist Lavendel/Bio-Orangenschalen-Schnaps!
Nach den vier Wochen habe ich ihn abgeseiht und nochmals frische Lavendelblüten als Dekoration in die Flasche gegeben.

Der Geschmack ist frisch und lecker!

Ideen für andere Schnäpschen:
- Schleedorn & Vanille-Schnaps
- Grüner-Walnuss-Schnaps
- Salbei-Schnaps & Minz-Schnaps
- Wildkräutermischung-Schnaps
(Schafgarbe, Löwenzahn, Spitzwegerich, Quendel)
- Rosen-Schnaps
- Ringelblumen-Schnaps
- Gundermann-Schnaps

Danksagung

Es ist erst der Anfang …

Jedoch von diesem Buch das Ende!

Danke an meine Eltern, die mir immer viel Liebe geschenkt haben und mich in meiner Entfaltung immer unterstützt und beraten haben.

Danke an meine Großeltern, die mich inspiriert, unterstützt und auch mal getadelt haben.

Danke an meinen Mann, der mich immer unterstützt und mit mir geht, mich berät und mir viel Freiraum für all meine Herzensprojekte gibt.

Danke für all meine lieben Freunde und Bekannten, die wichtig im Leben sind!

Danke an mein Team, wir sind ein besonderer Haufen!

Danke Antonie, dass du mich liebevoll angeschubst hast.

Ein besonderer Dank und auch die Widmung dieses Buches gilt vor allem unserer »Himmelstochter« Laura, die uns stetig im Herzen mit unendlicher Liebe begleitet und mit den Kräutern und der Natur eine innige Verbindung in unserem Leben ist!

Danke Gott und allen höheren Mächten, dass ich mich immer geborgen, geführt und getragen fühlen darf.

Und nun freue ich mich, wenn Sie loslegen, wenn Ihr Herz entflammt wird, wenn Sie anfangen, das zu lieben, was Sie tun.

Mögen die Wildkräuter Sie auf den Weg zu sich selbst bringen, damit Sie immer mehr und mehr erkennen, was in Ihrem Leben wichtig ist.

Haben Sie Mut, haben Sie Freude und Vertrauen, denn Sie sind wunderbar und einzigartig genau so, wie Sie sind!

Liebe Grüße

Ihre Rebecca Schuster

»Beccarella`s« ist ein Markenname für die Produkte von Rebecca Schuster

»Beccarella`s« ist entstanden aus Cinderella und Rebecca. Es ist ein sanfter, liebevoller Name. Die Kräuter stehen für mich ganz eng mit Liebe in Verbindung. Mit Wildkräutern zu arbeiten, sie zu erkunden und auch Speisen und Lebensmittel, Heilmittel herzustellen ist einfach märchenhaft.

Gerne können Sie mich für Kräuterwanderungen und Kochkurse mit Wildkräutern buchen.

Kontaktieren Sie mich bitte per E-Mail: schuster.rebecca@t-online.de

Instagram: beccarellas_krauter_liebe

Herzlichst

Ihre Rebecca Schuster

WEITERE BÜCHER

Kraft- und Vibrationstraining bei Osteoporose
von Riccarda Quattländer
Herausgeber:
DERUL Verlag
80 Seiten, Softcover
Sprache: Deutsch
Format: 14,6 x 20,7 cm
ISBN: 978-3981674231
Bestell-Nr.: 4231

MELODIES for PIANO,
VOLUME I,
9 BALLADS:
FOR BEGINNERS AND
ADVANCED PIANISTS,
EXCLUSIVE EDITION
von Wladimir Runge
32 Seiten, 21,1 x 29,5 cm
ISBN: 979-0900011619
Bestell-Nr.: 1619

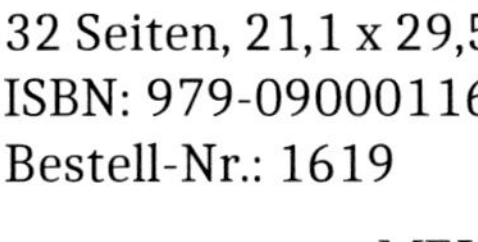

MELODIES for PIANO,
VOLUME II,
9 COMPOSITIONS:
FOR BEGINNERS AND
ADVANCED PIANISTS,
EXCLUSIVE EDITION
von Wladimir Runge
32 Seiten, 21,1 x 29,5 cm
ISBN: 979-0900011626
Bestell-Nr.: 1626

MELODIES for PIANO,
VOLUME III,
11 COMPOSITIONS:
FOR BEGINNERS AND
ADVANCED PIANISTS,
EXCLUSIVE EDITION
von Wladimir Runge
32 Seiten, 21,1 x 29,5 cm
ISBN: 979-0900011633
Bestell-Nr.: 1633

MELODIES for PIANO,
VOLUME IV,
10 COMPOSITIONS:
FOR BEGINNERS AND
ADVANCED PIANISTS,
EXCLUSIVE EDITION
von Wladimir Runge
32 Seiten, 21,1 x 29,5 cm
ISBN: 979-0900011640
Bestell-Nr.: 1640

MELODIES for PIANO,
VOLUME V,
10 COMPOSITIONS:
FOR BEGINNERS AND
ADVANCED PIANISTS,
EXCLUSIVE EDITION
von Wladimir Runge
32 Seiten, 21,1 x 29,5 cm
ISBN: 979-0900011657
Bestell-Nr.: 1657

MELODIES for PIANO,
VOLUME VI,
11 COMPOSITIONS:
FOR BEGINNERS AND
ADVANCED PIANISTS,
EXCLUSIVE EDITION
von Wladimir Runge
36 Seiten, 21,1 x 29,5 cm
ISBN: 979-0900011664
Bestell-Nr.: 1664

MELODIES for ACCORDION
& KEYBOARD,
11 COMPOSITIONS:
FOR BEGINNERS AND
ADVANCED MUSICIANS,
EXCLUSIVE EDITION
von Wladimir Runge
36 Seiten, 21,1 x 29,5 cm
ISBN: 979-0900011671
Bestell-Nr.: 1671

10-Minuten-Geschichten
für Senioren
zum Vorlesen und Selberlesen

Wie das Leben spielt
von Waltraud Straß

Ideal für Seniorenbeschäftigung

Großdruck
Softcover
112 Seiten
Format: 17,0 x 24,0 cm

ISBN: 978-3-9816742-2-4
DERUL Verlag
Bestell-Nr.: 4224

Botschaften der Liebe

Stimmen im Wind
von Brigitte Barrera

Softcover
56 Seiten
Format: 14,8 x 21,0 cm

ISBN: 978-3-9816742-5-5
DERUL Verlag
Bestell-Nr.: 4255